LETTRE D'ALSACE,

AU SUJET DES JÉSUITES.

LETTRE *de Colmar en Alsace, au sujet des Jésuites.*

VOICI, Monsieur, du nouveau de notre pays d'Alsace: un Religieux Bénédictin de Franche-Comté, nommé Dom Antoine Tirode, a demandé & obtenu en Cour de Rome, des Bulles, qui le pourvoyent du Prieuré de S. Morand en Haute Alsace, Diocèse de Basle, usurpée par les Jésuites sur l'Ordre de S. Benoît, ainsi qu'il est porté au premier Tome de la Morale Pratique, page 190.

Dom Tirode a fait revêtir ses Bulles de Lettres d'attache, au mois de Juillet 1762. Il les a présentées au Conseil Souverain d'Alsace, avec une Requête, par laquelle il demandoit d'être mis en possession du temporel. Alors s'est montré à découvert la protection que quelques personnes de ce Tribunal accordent à la Société. Quoique les Jésuites possesseurs du Prieuré, ne soient pas Sujets du Roi, ni même d'aucune province Françoise de la Société, on a dit à Dom Tirode: *Vos Bulles ne sont pas fulminées: Retirez-*

vous par devers l'Evêque du Dioèèse ; &, fur fa Requête, il a été mis *neant quant à préfent.*

Le Religieux eft allé où on l'a envoyé. Les Jéfuites alors ont dit : *les Bulles font, in forma dignum : il faut un examen rigoureux.* L'Evêque l'a ordonné par-devant les Capucins, qui, en bons ferviteurs de la Société, l'ont tenu depuis une heure après midi, jufqu'à huit heure du foir. Mais il en fçavoit plus qu'eux. Sur leur avis, il a obtenu le Vifa de l'Evêque.

Muni de cet Acte, il eft revenu au Confeil d'Alface à la mi-Décembre. Le Procureur Général, frere d'un Jéfuite, a perfifté dans un *neant fur la Requête.* Le Premier Préfident & le Doyen, auffi dévoués aux RR. PP. que le Procureur Général, ont été de l'avis du néant. Mais toute la Chambre a trouvé que, le Dévolutaire s'étant mis en règle, & ayant fatisfait à la premiere défaite dont on l'avoit payé, il n'y avoit plus de prétexte à lui oppofer. M. de Klinglin, c'eft-à-dire, le Premier Préfident, qui voulut éluder, propofa de mander fur cela le Procureur Général, pour fçavoir de lui les motifs de ses conclusions. On lui dit que cela paroissoit inutile, & néanmoins on y consentit par complaisance. Le Magistrat entra à la Chambre, & lut un Mémoire qu'il avoit adressé à M. le Chancellier sur cette affaire, car M. le Chancellier est le reconfort ordinaire dans les affaires des Jésuites. M. le Procureur Général retiré, le Premier Président demanda que lecture du Mémoire fût réitérée, ne l'ayant pas, disoit-il, parfaitement entendu, à cause du bredouillage du Magistrat. Mais la ruse ne lui réussit pas. Il eut beau faire observer que le refus qu'on avoit fait à Dom Tirode, étoit approuvé de M. le Chancellier dans les lettres qu'il avoit écrite, tant au Procureur Général qu'à M. Klinglin : il eut beau opiner à garder les Lettres d'attache au Greffe avec les Bulles, pour y avoir recours en cas de besoin. On lui répondit que les lettres qu'il avoit reçues de M. le Chancelier ne signifioient rien; qu'elles ne rouloient que sur un défaut de forme qui se trouvoit rectifié; & qu'ainsi, tout étant présentement en règle, M. le Chancelier devoit être le premier à applaudir à la justice qu'on rendoit au Religieux, & à desirer qu'on accordât l'effet à des Lettres d'attache données à un Sujet du Roi contre des Jéſuites Etrangers. Toute la Chambre, à la réſerve du ſieur Menueg, Doyen, Jéſuite de robe courte, revint à cet avis; & , par arrêt, il fût préalablement ordonné, ſelon le ſtyle de la province , qu'information ſeroit faite des vie, mœurs & Religion du Dévolutaire, c'eſt la forme en pareil cas.

Alors le Premier Préſident leva le maſque, & déclara qu'il avoit des ordres ſecrets, qui ne lui permettoient pas de ſigner l'Arrêt; & qu'il en alloit rendre compte à M. le Chancelier. Il le fit en effet; & M. de la Moignon, dont on connoît le dévouement aux Jéſuites, ne manqua pas de répondre, par une lettre du 28 Décembre, qu'il avoit parfaitement bien fait de refuſer ſa ſignature: il lui ordonnoit même de perſiſter dans ſon refus, juſqu'à ce qu'il lui donnât, de la part du Roi, l'ordre de ſigner. Quelle conduite ! Le Dévolutaire prit donc ſon parti d'aller en Cour, ſe plaindre au Miniſtre d'Etat du déni de juſtice qu'il éprouvoit de la part du Chef de la Juſtice.

Ses plaintes ont eu leur effet. M. le Chancelier a été obligé de mander, que l'intention du Roi eſt de laiſſer le libre cours à la Juſtice. Auſſitôt on a donné Arrêt, par lequel Dom Tirode a été autoriſé à prendre poſſeſſion du Prieuré de S. Morand. Il s'y eſt en effet préſenté ; mais le Pere Caſtelar, Supérieur de la Maiſon, lui en a fermé les portes.

Voilà, Monſieur, tout ce qu'on ſçait de cette affaire. Je vous en manderai la ſuite. En attendant, ce petit mot vous prouvera toujours, que notre Conſeil Souverain n'eſt pas tellement livré aux Jéſuites, qu'il ne ſuive, à leur égard, l'exemple des autres Tribunaux du Royaume. Il n'eſt pas juſte de juger d'un Corps, par les écarts de quelques-uns de ſes Membres.

J'ai l'honneur d'être, &c.

Le 5 Avril 1763.